Welches Wort ist falsch?

Die Lehrerin wischt die Tafel mit einem nassen Schlitten Schwamm sauber.

Am Meer sinkt stinkt das Wasser bei einer Ebbe und es steigt bei einer Flut.

In Schuhen Schulen gibt es oft einen Hausmeister oder eine Hausmeisterin.

Ein Tandem ist ein Fahrrad, auf dem zwei Menschen fliegen fahren können.

Fußgänger, Radfahrer und Autofahrer müssen bei Grün Rot stehen bleiben.

Die neue Lehrerin schreibt ihren Namen mit Knetgummi Kreide an die Tafel.

Im Zoo läuft der neugeborene Edelstein Elefant hinter der Elefantenkuh her.

Gekaufte Getränke sind oft sehr süß und enthalten zu viel Schlamm Zucker.

Kreuze an

Das Feld mit dem Apfel ist links neben dem Feld mit der Rose.	☐ ja ☐ nein
In einem der Felder auf dieser Seite befindet sich ein Bogen.	☐ ja ☐ nein
Das Feld mit dem Nagel ist zwischen zwei anderen Feldern.	☐ ja ☐ nein
Die Felder mit der Sonne und dem Bogen sind nebeneinander.	☐ ja ☐ nein
Das halbe Ei und der Rahmen sind in den Feldern ganz links.	☐ ja ☐ nein
Das Feld mit der Rose ist rechts neben dem Feld mit dem Ball.	☐ ja ☐ nein
In dem Feld zwischen der Ampel und dem Apfel ist ein Ohr.	☐ ja ☐ nein
Das Feld mit dem Ball ist weiter links als das Feld mit dem Ohr.	☐ ja ☐ nein

Lies und male

- ☐ Male mit einem Buntstift ein freundliches Gesicht in den Kreis der Sonne.
- ☐ Male den Ball aus. Verwende dafür drei verschiedene Farben.
- ☐ Male rechts neben den Bogen einen passenden Pfeil.
- ☐ Der Nagel steckt in einem braunen Holzklotz.
- ☐ Aus dem Ei schlüpft ein süßes Küken.
- ☐ Schreibe über die Rose mit einem Bleistift den Großbuchstaben R.
- ☐ Male die Strahlen der Sonne mit einem gelben Stift aus.
- ☐ Male ein grünes Männchen mit einem roten Hut in den Bilderrahmen.
- ☐ Male die Eierschale mit einem braunen Stift aus.
- ☐ Male die Blütenblätter der Rose entweder rot, orange oder gelb.
- ☐ Male die drei Leuchten der Ampel in den richtigen Farben aus.
- ☐ Male viele rote und blaue Punkte auf den Bilderrahmen.
- ☐ Male das Ohr rot und an das Ohrläppchen einen Ohrring.
- ☐ Male den Apfel auf der linken Seite rot und auf der rechten Seite grün.

Lies genau

Die Polizei hat viele verschiedene Aufgaben.

Sie sorgt vor allem dafür, dass Regeln und Gesetze eingehalten werden.

Ohne Regeln und Gesetze würde es in jedem Land viele Probleme geben.

Polizistinnen und Polizisten erkennt man häufig an ihrer Uniform.

Keine Uniform tragen die Polizistinnen und Polizisten bei der Kriminalpolizei.

Die Kriminalpolizei kümmert sich um schwere Verbrechen wie Raubüberfälle.

Oft kommt die Polizei auch zu den Kindern in die Schulen.

Sie zeigt und erklärt zum Beispiel, wie man sich im Straßenverkehr verhält.

In Deutschland hat die Polizei die Telefonnummer *110*.

Merke dir: Rufe nie einfach nur zum Spaß bei der Polizei an!

110

Kreuze an

Kühe zu melken gehört zu den vielen Aufgaben der Polizei.	☐ ja ☐ nein
Es ist wichtig, dass es in einem Land Regeln und Gesetze gibt.	☐ ja ☐ nein
Alle Polizistinnen und Polizisten tragen eine gestreifte Uniform.	☐ ja ☐ nein
Bei der Kriminalpolizei trägt man einen riesigen Cowboyhut.	☐ ja ☐ nein
Die Polizistinnen und Polizisten lernen mit Kindern das Lesen.	☐ ja ☐ nein
Kinder sollten lernen, wie man sich im Straßenverkehr verhält.	☐ ja ☐ nein
Die Polizei erreicht man unter der Telefonnummer *110*.	☐ ja ☐ nein
Wer einen Einbrecher sieht, sollte die Nummer *110* wählen.	☐ ja ☐ nein
Auch Polizistinnen und Polizisten müssen Regeln einhalten.	☐ ja ☐ nein
Es ist verboten nur zum Spaß bei der Polizei anzurufen.	☐ ja ☐ nein

Kreuze die richtigen Aussagen an

- ☐ Die Pferde sind vor langer Zeit mit den Dinos ausgestorben.
- ☒ Viele Kinder mögen Pferde und würden gerne einmal reiten.

- ☐ Manche Pferde sind sehr klein, andere groß wie ein Mann.
- ☐ Die größten Pferde werden etwa so groß wie ein Hühnerei.

- ☐ Ponys sind sehr kleine Pferde. Auf ihnen erlernen viele Kinder das Reiten.
- ☐ Ponys sind so winzig, dass man sie nur unter dem Mikroskop sehen kann.

- ☐ Die Pferde gehören zu den Nichtsfressern. Sie ernähren sich nur von Luft.
- ☐ Pferde sind Pflanzenfresser. Sie fressen vor allem Gräser, Hafer und Heu.

- ☐ Ein junges Pferd heißt Kalb. Die Mutter ist eine Kuh. Der Vater ist ein Bulle.
- ☐ Junge Pferde heißen Fohlen. Die Mutter ist eine Stute, der Vater ein Hengst.

- ☐ Weiße Pferde werden Schimmel genannt. Schwarze Pferde sind Rappen.
- ☐ Ein grünes Pferd nennt man Frosch. Ein junges rosa Pferd ist ein Ferkel.

Welches Wort ist falsch?

In Deutschland spielen die besten Fußballer Fernseher in der 1. Bundesliga.

In der Schule lernen Kokosnüsse Kinder aus vielen verschiedenen Ländern.

Spaghetti mit Soße kann man am besten mit Löwen Löffel und Gabel essen.

Opa isst zum Frühstück ein Brot mit Leberwurst Luftballons und einen Apfel.

Schwäne Schulkinder sollten sich allein die Schnürsenkel zubinden können.

Die Haufen Hosen von Hunden gehören nicht auf Bürgersteige oder Wiesen.

Berlin, Hamburg und München sind die größten Tiere Städte in Deutschland.

Die Buchstaben A und B sind die engsten ersten Buchstaben des Alphabets.

Kreuze an

Die Felder mit dem Schirm und der Fabrik sind nebeneinander.	☐ ja ☐ nein
Das Feld mit dem Elefanten ist zwischen zwei anderen Feldern.	☐ ja ☐ nein
In einem Feld auf dieser Seite befindet sich eine Schaukel.	☐ ja ☐ nein
Der Schirm ist rechts neben dem Feld mit der Flaschenpost.	☐ ja ☐ nein
Das Streichholz und die Glatze sind in den Feldern ganz links.	☐ ja ☐ nein
Der Pudel ist weiter links als das Feld mit der Gabel.	☐ ja ☐ nein
Das Feld mit der Fabrik ist direkt rechts neben der Paprika.	☐ ja ☐ nein
In dem Feld zwischen der Gabel und der Glatze ist ein Stecker.	☐ ja ☐ nein

Lies und male

- ☐ Male dem Elefanten mit zwei verschiedenen Farben Punkte auf die Haut.
- ☐ Male die Gabel grün und neben die Gabel ein passendes Messer.
- ☐ Aus dem Schornstein der Fabrik steigt Rauch auf.
- ☐ Male mit einem Bleistift eine Steckdose unter den Stecker.
- ☐ Male dem Mann mit der Glatze ein Gesicht.
- ☐ Male die Paprika entweder rot, orange, gelb oder grün.
- ☐ Die geheime Flaschenpost schwimmt im Wasser.
- ☐ Der Pudel trägt eine Krone auf dem Kopf.
- ☐ Male das Fell des Pudels in deiner Lieblingsfarbe aus.
- ☐ Male über den geöffneten Schirm eine dunkle Wolke. Es regnet.
- ☐ Male dem Mann mit der Glatze viele schwarze Locken.
- ☐ Male eine Flamme an den Kopf des Streichholzes.
- ☐ Schreibe eine Zahl zwischen *1* und *5* unter den Elefanten.
- ☐ Male das Tor der Fabrik gelb und den Rest in einer anderen Farbe aus.

Lies genau

Es gibt viele verschiedene Schlangenarten auf der Welt.

Die ungiftigen Würgeschlangen ersticken ihre Beute, Giftschlangen beißen zu.

Riesenschlangen können so lang werden, wie ein Haus hoch ist.

Schlangen können ihr Maul weit öffnen und besitzen einen dehnbaren Magen.

Deshalb können sie auch größere Beutetiere verschlingen.

Schlangen können nicht hören und nur schlecht sehen.

Ihre Umgebung ertasten sie mit der sehr empfindlichen Zunge.

Fast alle Schlangen legen Eier, nur wenige bringen lebende Junge zur Welt.

Auch bei uns gibt es einige Schlangenarten.

Die scheue und seltene Kreuzotter ist sogar giftig.

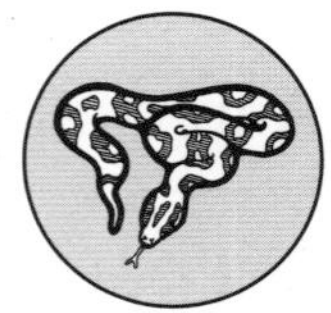

Kreuze an

Es gibt heute nur noch eine Schlangenart auf der Welt.	☐ ja ☐ nein
Würgeschlangen lähmen oder töten ihre Beute mit Gift.	☐ ja ☐ nein
Alle Schlangen auf der Welt sind genau einen Meter lang.	☐ ja ☐ nein
Schlangen fressen nur Ameisen, weil ihr Magen so klein ist.	☐ ja ☐ nein
In einem Schlangenmagen ist auch Platz für größere Tiere.	☐ ja ☐ nein
Schlangen hören mit den Augen und sehen mit den Ohren.	☐ ja ☐ nein
Schlangen ertasten Dinge in ihrer Umgebung mit der Zunge.	☐ ja ☐ nein
Alle Schlangen bringen ihren Nachwuchs lebend zur Welt.	☐ ja ☐ nein
Auch bei uns kommen einige Schlangenarten in der Natur vor.	☐ ja ☐ nein
Die bei uns lebende Kreuzotter gehört zu den Giftschlangen.	☐ ja ☐ nein

Kreuze die richtigen Aussagen an

- ☐ Fußbälle sind die beliebtesten Haustiere in Deutschland.
- ☐ Fußball ist in Deutschland die beliebteste Ballsportart.

- ☐ Beim Fußball muss man mit den Füßen Geschirr spülen.
- ☐ Zwei Mannschaften spielen beim Fußball gegeneinander.

- ☐ Eine Mannschaft besteht beim Fußball aus *11* Spielerinnen oder Spielern.
- ☐ In einer Fußballmannschaft muss immer auch ein Regenwurm mitspielen.

- ☐ Bei einem Fußballspiel versuchen die Mannschaften den Ball zu vergraben.
- ☐ Die Mannschaften versuchen Tore zu erzielen und Gegentore zu verhindern.

- ☐ Es gewinnt die Fußballmannschaft mit den schönsten Frisuren und Trikots.
- ☐ Gewonnen hat die Mannschaft, die in dem Spiel die meisten Tore erzielt hat.

- ☐ Wenn das Spiel unentschieden ausgeht, hat der Ball das Spiel gewonnen.
- ☐ Bei einem Unentschieden hat keine der Mannschaften das Spiel gewonnen.

Welches Wort ist falsch?

Die Bettdecke und das Kopfkissen sind mit Gurkensalat Gänsefedern gefüllt.

Opa ist sehr wütend, weil Oma die ganze Welt Wohnung rosa gestrichen hat.

Der Mülleimer Musiker singt ein Liebeslied und spielt dazu auf seiner Gitarre.

Bei dem Fußballspiel ist das *1:0* schon in der ersten Minute gestürzt gefallen.

In vielen Ländern der Erde können nicht alle Kinder Küken zur Schule gehen.

Papa spielt spült Pfannen, Töpfe, Geschirr und Besteck in der Spülmaschine.

Mit vielen Haustieren Handys kann man auch fotografieren oder Musik hören.

Metzgerin, Bäckerin, Tischlerin, Lehrerin und Tierpflegerin sind Berge Berufe.

14 Kreuze an

Das Feld mit der Schachtel ist direkt links neben dem Mond.	☐ ja ☐ nein
Von der Giraffe ist nur eine Hälfte des Körpers zu sehen.	☐ ja ☐ nein
In einem Feld auf dieser Seite ist ein schlafendes Mädchen.	☐ ja ☐ nein
In dem Feld zwischen dem Mond und der Mütze ist ein Schaf.	☐ ja ☐ nein
Das Feld mit dem Fußball ist direkt rechts neben der Giraffe.	☐ ja ☐ nein
Der Soldat und der Fußball sind in den Feldern ganz rechts.	☐ ja ☐ nein
Die Mütze ist weiter links als das Feld mit der Schachtel.	☐ ja ☐ nein
Die Felder mit dem Sand und dem Fisch sind nebeneinander.	☐ ja ☐ nein

- ☐ Male dem Schaf eine grüne Wiese und über das Schaf eine Regenwolke.
- ☐ Schreibe den sechsten Buchstaben des Alphabets unter den Fisch.
- ☐ Male den Mond gelb und um den Mond sieben rote Sterne.
- ☐ In dem Sandhaufen stecken zwei blaue Schaufeln.
- ☐ Male dem Soldaten eine Blume in den Lauf des Gewehrs.
- ☐ Male das Kind, das die Mütze mit dem Bommel trägt.
- ☐ Male dem Fisch einen roten Körper und grüne Flossen.
- ☐ Male den Fußball blau, die linke Karte rot und die rechte Karte gelb.
- ☐ Male über die Schachtel, was in der Schachtel sein könnte.
- ☐ Male über das schlafende Mädchen, wovon es träumt.
- ☐ Male den Bommel der Mütze rot und auf die Mütze drei blaue Punkte.
- ☐ Male dem Soldaten entweder eine grüne oder eine rosa Uniform.
- ☐ Male mit zwei verschiedenen Farben Streifen auf die Schachtel.
- ☐ Male der Giraffe einen Wassereimer und einen langen blauen Strohhalm.

Lies genau

Wir Menschen können ohne Schlaf nicht überleben.

Während des Schlafs erholen wir uns von den Belastungen des Tages.

Dabei schlägt unser Herz langsamer und wir atmen weniger und ruhiger.

Junge Menschen benötigen viel mehr Schlaf als ältere Menschen.

Babys schlafen fast den ganzen Tag, alte Menschen oft nur wenige Stunden.

Manche Tiere wie die Igel oder die Hamster schlafen den ganzen Winter lang.

Mit ihrem Winterschlaf überstehen sie die Zeit, in der es wenig Nahrung gibt.

Alle Menschen und viele Tiere träumen während des Schlafs.

Wir können uns aber nur an wenige Träume erinnern.

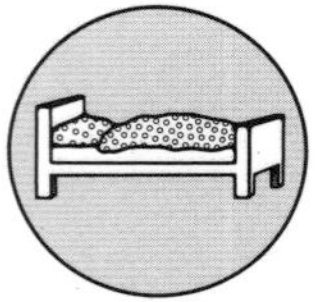

Besonders schlimme Träume werden Albträume genannt.

Kreuze an

Schlaf ist für uns genauso lebenswichtig wie Nahrung.	☐ ja ☐ nein
Nach dem Schlaf müssen wir uns erst einmal ausruhen.	☐ ja ☐ nein
Nachts schlägt unser Herz schneller als bei einem Dauerlauf.	☐ ja ☐ nein
Ältere Menschen schlafen nur noch eine Stunde im Jahr.	☐ ja ☐ nein
Ältere Menschen schlafen weniger als jüngere Menschen.	☐ ja ☐ nein
Babys und Kleinkinder halten im Winter einen Winterschlaf.	☐ ja ☐ nein
Im Winter würden Tiere wie der Igel zu wenig Nahrung finden.	☐ ja ☐ nein
Wir Menschen träumen im Schlaf immer nur von vielen Tieren.	☐ ja ☐ nein
Nach dem Aufwachen können wir uns an alle Träume erinnern.	☐ ja ☐ nein
Wer einen Albtraum hatte, hat besonders schlecht geträumt.	☐ ja ☐ nein

Kreuze die richtigen Aussagen an

- ☐ Die Ritter hatten ihre große Zeit während des Mittelalters.
- ☐ Als Insekten besitzen Ritter zwei Fühler und sechs Beine.

- ☐ Die Ritter verdienten Geld als Eisverkäufer auf der Kirmes.
- ☐ Die Ritter kämpften früher für Kaiser, Könige oder Fürsten.

- ☐ Zur Ausrüstung der Ritter gehörten ein Helm, eine Rüstung und ein Schild.
- ☐ Die Ritter waren als Clown verkleidet und trugen rote Nasen und Perücken.

- ☐ Bei ihren Kämpfen gebrauchten die Ritter Juckpulver und Wasserpistolen.
- ☐ Zu den Waffen der Ritter gehörten Schwerter, Streitäxte und Morgensterne.

- ☐ Die Ritter lebten in Burgen. Bei Turnieren verglichen sie ihre Kampfkraft.
- ☐ Die Ritter bauten große Nester aus Zweigen und Blättern in hohen Bäumen.

- ☐ Die Ritterzeit endete mit der Erfindung von Feuerwaffen wie den Pistolen.
- ☐ An einem 1. April wurden die Ritter Schmetterlinge und flatterten alle davon.

Welches Wort ist falsch?

Ein großer Eisbär Kühlschrank verbraucht mehr Strom als eine kleine Lampe.

Oma trägt trinkt beim Schwimmen einen lila Badeanzug und eine Badekappe.

Die Bäckerin hat die leckeren Brote in der Nacht in ihrem Ohr Ofen gebacken.

An Gruben Grundschulen unterrichten meistens mehr Lehrerinnen als Lehrer.

Viele Murmeln Mädchen interessieren sich sehr für Pferde und für das Reiten.

Die Lehrerin kocht mit den Kindern Kälbern in der Schule eine Gemüsesuppe.

Ein großer Schwarm kleiner Fische flattert schwimmt durch das klare Wasser.

Die nassen Bilder der Kinder liegen lügen zum Trocknen auf der Fensterbank.

20 Kreuze an

In dem Feld zwischen dem Pinguin und dem Punkt ist ein Käfig.	☐ ja ☐ nein
Das Feld mit dem Felsen ist links neben dem Öffner.	☐ ja ☐ nein
Die Felder mit dem Haken und dem Punkt sind nebeneinander.	☐ ja ☐ nein
Das Feld mit dem Gespenst ist rechts neben dem Segelboot.	☐ ja ☐ nein
Das Feld mit Salz und Pfeffer ist direkt neben dem Haken.	☐ ja ☐ nein
Die Plusaufgabe auf der linken Seite steht auf dem Kopf.	☐ ja ☐ nein
Das Feld mit dem Öffner ist zwischen zwei anderen Feldern.	☐ ja ☐ nein
Die Felder mit dem Segelboot und dem Käfig sind ganz rechts.	☐ ja ☐ nein

- ☐ Schreibe über den Salzstreuer ein S und über den Pfefferstreuer ein P.
- ☐ Male eine verschlossene Flasche neben den Öffner.
- ☐ Male mit einem roten Stift ein Viereck unter den Punkt.
- ☐ Über dem Käfig fliegt ein grüner Vogel.
- ☐ Male das Segel des Boots mit einem blauen Stift aus.
- ☐ Male an den Haken einen gelben Waschlappen mit schwarzen Punkten.
- ☐ Male den Felsen mit einem Bleistift oder mit einem roten Stift aus.
- ☐ Drehe das Heft und schreibe das Ergebnis der Plusaufgabe auf die Linie.
- ☐ Male das Gespenst in deiner Lieblingsfarbe aus.
- ☐ Male dem Boot mit einem grünen Stift links ein zweites Segel.
- ☐ Der Pinguin steht auf einer Eisscholle im Wasser.
- ☐ Drehe das Heft und schreibe unter die Plusaufgabe eine Minusaufgabe.
- ☐ Male mit einem grünen Stift ein Dreieck über den Punkt.
- ☐ Male einen Baum mit braunem Stamm und grünen Blättern auf den Felsen.

Lies genau

Es gibt einige Hundert verschiedene Haushunderassen.

Man glaubt, dass Hunde die ältesten Haustiere der Menschen sind.

Die kleinsten und leichtesten Hunde kann man in die Hand nehmen.

Bernhardiner werden dagegen groß wie ein Kalb und schwer wie ein Mann.

Ob klein oder groß: Alle Haushunde stammen von den Wölfen ab.

Hunde können besser hören und viel besser riechen als Menschen.

Deshalb setzt die Polizei manche Hunde als Spürhunde ein.

Spürhunden bringt man bei, auf einen bestimmten Geruch zu reagieren.

Sie erschnüffeln zum Beispiel verbotene Stoffe wie Drogen oder Sprengstoff.

Vor allem bestimmte Schäferhunde eignen sich gut als Spürhunde.

Hunde wurden erst im letzten Jahr in Japan erfunden.	☐ ja ☐ nein
Hunde sind schon seit langer Zeit Haustiere der Menschen.	☐ ja ☐ nein
Die kleinsten Hunde sind unsichtbar und leichter als Luft.	☐ ja ☐ nein
Die winzigen Bernhardiner sind die kleinsten Hunde der Welt.	☐ ja ☐ nein
Alle Haushunderassen sind mit den Wölfen verwandt.	☐ ja ☐ nein
Hunde können schlecht riechen, weil ihre Nase aus Plastik ist.	☐ ja ☐ nein
Menschen können schlechter hören und riechen als Hunde.	☐ ja ☐ nein
Manche Hunde helfen der Polizei als Spürhunde bei der Arbeit.	☐ ja ☐ nein
Spürhunde suchen vor allem nach Lollis, Limo und Lakritze.	☐ ja ☐ nein
Manche Schäferhunde werden zu Spürhunden ausgebildet.	☐ ja ☐ nein

Kreuze die richtigen Aussagen an

- ☐ Es gibt einige Hundert verschiedene Haiarten auf der Welt.
- ☐ Haie sind Vögel. Sie bauen ihre Nester gerne auf Schulen.

- ☐ Die kleinen Zwerghaie sind nicht viel größer als ein Bleistift.
- ☐ Zwerghaie tragen rote Mützen und leben versteckt im Wald.

- ☐ Walhaie sind noch kleiner als Zwerghaie. Sie fressen Bäume und Elefanten.
- ☐ Die riesigen, aber ungefährlichen Walhaie werden so groß wie ein Omnibus.

- ☐ Die meisten Haiarten ernähren sich von Fischen und anderen Meerestieren.
- ☐ Haie sind Pflanzenfresser. Sie fressen gerne Algenbrei und Seegraskuchen.

- ☐ Haie sind gefährlich, weil sie kratzen, spucken und an den Haaren ziehen.
- ☐ Nur wenige Haiarten, wie der Weiße Hai, sind auch für Menschen gefährlich.

- ☐ Zu den wenigen Feinden der Haie gehören der Schwertwal und der Pottwal.
- ☐ Haie haben nur Angst vor Kopfläusen. Diese nisten in den Zöpfen der Haie.

Mama trägt ihre dunkelgrüne Lederhose mit hellblauen Wolken Hosenträgern.

Die Lehrerin schreibt die Hausschuhe Hausaufgaben für den Tag an die Tafel.

Ohne genügend Schnee kann man keinen Schmetterling Schneemann bauen.

Beim Hochsprung muss man hoch singen springen und beim Weitsprung weit.

Viele Kinder wünschen sich, dass die Schildkröte Schule nicht so früh beginnt.

Viele Kühe Kinder sitzen zu lange vor dem Fernseher oder vor dem Computer.

Bei einem Elfmeter liegt der Würfel Fußball *11* Meter vor dem Tor des Gegners.

Die Wörter <u>H</u>ammer, <u>H</u>ut und <u>H</u>ummel beginnen enden mit dem Buchstaben H.

Kreuze an

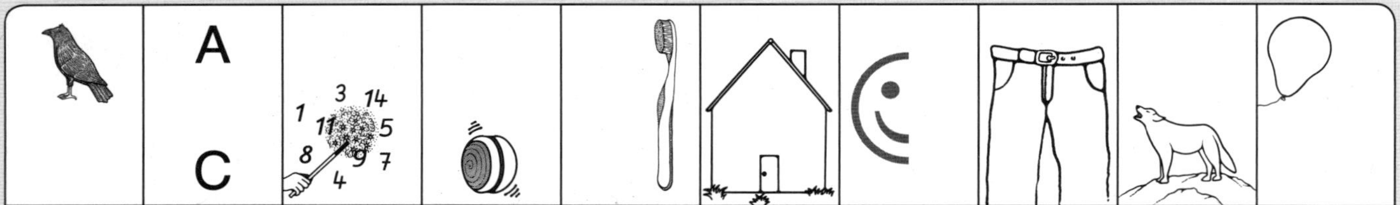

Die Felder mit dem Raben und den Buchstaben sind ganz links.	☐ ja ☒ nein
In dem Feld zwischen der Hose und dem Ballon ist ein Haus.	☐ ja ☐ nein
Das Feld mit dem Jo-Jo ist rechts neben den Zauberzahlen.	☐ ja ☐ nein
Das Feld mit dem Raben ist zwischen zwei anderen Feldern.	☐ ja ☐ nein
Das Feld mit dem Wolf ist direkt rechts neben dem Ballon.	☐ ja ☐ nein
Von dem lachenden Gesicht ist nur eine Hälfte zu sehen.	☐ ja ☐ nein
In dem Feld mit den Buchstaben sind auch Zauberzahlen.	☐ ja ☐ nein
Das Feld mit dem Wolf ist rechts neben dem Feld mit der Hose.	☐ ja ☐ nein

Lies und male

- ☐ Male zu der Zahnbürste eine grüne Zahnpastatube mit blauem Verschluss.
- ☐ Schreibe mit einem roten Stift noch drei Zahlen zu den Zauberzahlen.
- ☐ Male dem Haus unten zwei und oben ein Fenster mit blauen Gardinen.
- ☐ Male auf jedes Bein der Hose einen grünen Flicken.
- ☐ Male den Luftballon blau. Mitten auf dem Ballon ist ein schwarzer Kreis.
- ☐ Male mit einem roten Stift die fehlende Hälfte des Gesichts.
- ☐ Der kleine Rabe steht auf einer blauen Flasche.
- ☐ Male noch einen zweiten blauen Luftballon mit einem schwarzen Kreis.
- ☐ Male den Wolf mit einem Bleistift aus. Über dem Wolf leuchtet der Mond.
- ☐ Male dem Jo-Jo mit einem Buntstift die fehlende Schnur.
- ☐ Schreibe unter das A und über das C den passenden Buchstaben.
- ☐ Male die Hose rot. Der Gürtel der Hose ist blau.
- ☐ Male die Zahnbürste entweder rosa, orange oder grün.
- ☐ Male auf die linke Seite des Hausdaches einen zweiten Schornstein.

Die Feuerwehr kommt nicht nur, wenn es brennt.

112

Sie hilft zum Beispiel auch bei Unfällen oder Überschwemmungen.

Es gibt eine Berufsfeuerwehr und viele Helfer bei der freiwilligen Feuerwehr.

Feuerwehr, Notarzt und Rettungsdienst haben die Telefonnummer *112*.

Denke einfach an die Aufgabe *1 + 1 = 2*, um dir diese Nummer zu merken.

Wer in der Not bei der Feuerwehr anruft, sollte an die *5* Ws denken:

Was ist passiert? • *Wo* ist es passiert? • *Wie* viele Personen sind betroffen? •

Welche Verletzungen oder Erkrankungen gibt es? • *Warte* auf Rückfragen!

Die Feuerwehr wird zum Beispiel nachfragen, wer der Anrufer ist.

Merke dir auch: Rufe niemals einfach nur zum Spaß bei der Feuerwehr an!

Kreuze an

Die Feuerwehr hilft beim Staubsaugen oder Kuchenbacken.	☐ ja ☐ nein
Zum Glück helfen viele Menschen freiwillig bei der Feuerwehr.	☐ ja ☐ nein
Die Feuerwehr erreicht man unter der Telefonnummer *112*.	☐ ja ☐ nein
Rettungsdienst und Notarzt haben auch die Nummer *112*.	☐ ja ☐ nein
Mit der Aufgabe *1 + 1 = 2* kann man sich die Nummer merken.	☐ ja ☐ nein
Die *5* Ws sind *5* Wörter, die mit dem Buchstaben W beginnen.	☐ ja ☐ nein
Die *5* Ws heißen Willi, Wanda, Walter, Wiebke und Werner.	☐ ja ☐ nein
Die 5 Ws sind: *Was*? • *Wo*? • *Wie* viele? • *Welche*? • *Warte*!	☐ ja ☐ nein
Mit den *5* Ws weiß man, wie man einen Notruf durchführt.	☐ ja ☐ nein
Es ist verboten nur zum Spaß bei der Feuerwehr anzurufen.	☐ ja ☐ nein

An der Nordsee, im Juli

Hallo Oma Heidi und Opa Heini,
vor etwa einer Stunde sind wir an der Nordsee angekommen.
Schon die Autofahrt war ein echtes Abenteuer.
Den ganzen Nachmittag haben wir bei Hitze im Stau gestanden.
Wir alle haben gedampft wie heiße Kartoffeln.
Dann hat Mama in der Pause auch noch ihr Brötchen fallen gelassen.
Anschließend war sie von oben bis unten mit Leberwurst beschmiert.
Papa hat fast während der gesamten Fahrt nur geschlafen.
Nach der Ankunft haben wir erst einmal einen Schreck bekommen.
Hinter unserem Hotel ist eine riesige Baustelle.
Durch unsere Zimmerfenster können wir 36 Kräne sehen.
Morgen früh wollen wir das erste Mal zum Strand.
Ich freue mich schon sehr darauf.

Macht's gut KNUT

Knut hat den Brief an seine Großeltern im Juli geschrieben.	☐ ja ☐ nein
Knut verbringt die Ferien mit seinen Eltern im Urwald.	☐ ja ☐ nein
Knuts Familie ist mit dem Auto an die Nordsee gefahren.	☐ ja ☐ nein
Knuts Familie hat während der Fahrt mit dem Auto gefroren.	☐ ja ☐ nein
Knuts Mutter hat ein Brötchen mit Kartoffelwurst gegessen.	☐ ja ☐ nein
Knuts Mutter hat ein Brötchen mit Leberwurst fallen gelassen.	☐ ja ☐ nein
Knuts Vater hat die Hinreise fast komplett verschlafen.	☐ ja ☐ nein
Nach der Ankunft sind alle vor Freude in die Luft gesprungen.	☐ ja ☐ nein
Auf einem See hinter dem Hotel schwimmen 36 Schwäne.	☐ ja ☐ nein

☺ Wer einen Brief schreibt, ist der Absender des Briefes.

Kreuze die richtigen Aussagen an

☐ Heute kann man Bücher leider nur noch im Museum sehen.
☐ Heute gibt es ganz viele verschiedene Bücher auf der Welt.

☐ Früher konnte man Bücher noch direkt vom Baum pflücken.
☐ Vor vielen Hundert Jahren gab es nur sehr wenige Bücher.

☐ Früher musste jedes einzelne Buch mühsam von Hand geschrieben werden.
☐ Vor langer Zeit haben die Menschen Bücher noch mit dem Fuß geschrieben.

☐ Heute werden Bücher nicht mehr von Hand geschrieben, sondern gedruckt.
☐ Heute werden Bücher von Stift-Zwergen und Schreib-Wichteln geschrieben.

☐ Herr Gutenberg erfand ein Gerät, mit dem man viele Bücher drucken konnte.
☐ Ein Schimpanse baute das erste Buchdruckgerät aus Bohnen und Bananen.

☐ Heute kann man Bücher ganz einfach kaufen oder in Büchereien ausleihen.
☐ Heute werden Bücher vor allem an der Käsetheke im Supermarkt verkauft.

~~E~~	Manche Menschen suchen nach ihm. Wer ihn findet, ist reich.
B	Er kann Leben retten. Mit ihm kann man ein Feuer löschen.
E	Man kann ihn am Strand oder im Schwimmbad tragen.
L	Dieser Gegenstand ist für kleine Mäuse sehr gefährlich.
R	Er hat Arme und Beine aus Metall. Er ist eine Maschine.
F	Er hält sich nicht an das Gesetz. Die Polizei sucht nach ihm.
L	In diesem Zelt zeigen Menschen und Tiere tolle Kunststücke.
A	Viele finden dieses Lebewesen süß. Es lebt im Meer.
D	Wer mit ihm unterwegs ist, muss einen Schutzhelm tragen.

	E

Das Lösungswort ist der Name für ein

- ☐ Freizeitspiel. Man benötigt zwei Schläger und einen Ball.
- ☐ Brettspiel. Die Menschen sollen sich dabei nicht ärgern.

Brief

Heinzelhausen, im Juli

Lieber Knuti,
Opa und ich haben uns sehr über deinen Brief gefreut.
Du hast ja schon am ersten Reisetag viel erlebt.
Hier in Heinzelhausen war es aber auch nicht langweilig.
Gestern wollte Opa den Gartenzaun rosa streichen.
Auf dem Weg zum Zaun ist er über seine eigenen Füße gestolpert.
Er ist der Länge nach hingefallen.
Dabei hatte er den Eimer mit der Farbe in der Hand.
Die ganze Farbe aus dem Eimer ist auf den Gartenweg gelaufen.
Opa hat vor lauter Wut in seinen neuen Strohhut gebissen.
Doch dann hatte er eine Idee.
Er hat einfach den gesamten Weg rosa gestrichen.
Unser Zaun ist immer noch braun.
Wir warten auf deinen nächsten Brief. Ein Küsschen an alle von

Heidi und Heini

Kreuze an

Knuts Großeltern wohnen in dem Ort Heinzelhausen.	☐ ja ☐ nein
Knuts Großeltern haben die Vornamen Heidi und Heini.	☐ ja ☐ nein
Oma Heidi nennt ihren Enkel in dem Brief liebevoll Knuto.	☐ ja ☐ nein
Oma Heidi schreibt in dem Brief, dass ihr immer langweilig ist.	☐ ja ☐ nein
Oma Heidi schildert in dem Brief ein Erlebnis von Opa Heini.	☐ ja ☐ nein
Opa Heini hat einen Eimer Farbe in seinen Strohhut gegossen.	☐ ja ☐ nein
Knuts Opa hat auf dem Gartenweg rosa Farbe verschüttet.	☐ ja ☐ nein
Opa Heini hat vor Wut und Hunger den Gartenzaun gegessen.	☐ ja ☐ nein
Der Weg in dem Garten von Knuts Großeltern ist jetzt rosa.	☐ ja ☐ nein

☺ Wer einen Brief bekommt, ist der Empfänger des Briefes.

Rätsel

Ich muss viele Tricks kennen. Diese Tricks führe ich Menschen vor. Die Menschen staunen über die Tricks und klatschen. Bei einem meiner Tricks hole ich plötzlich ein weißes Kaninchen aus meinem Zylinder hervor.

Ich arbeite als ☐ Zauberer. ☐ Detektiv. ☐ Hutverkäufer.

In meinem Beruf passe ich auf eine Tierherde auf. Ein Hund hilft mir dabei. Die Tiere aus der Herde fressen vor allem Gras. Ich wandere mit ihnen von einer Weide zur nächsten. Aus den Haaren der Tiere wird Wolle hergestellt.

Ich arbeite als ☐ Schalstrickerin. ☐ Tierärztin. ☐ Schäferin.

Ich verarbeite Nahrungsmittel. Aus verschiedenen Zutaten kann ich etwas Köstliches herstellen. Hierzu brauche ich Geräte wie einen Herd oder einen Ofen. Ich arbeite oft in einer Kantine oder in einem Restaurant.

Ich arbeite als ☐ Kellner. ☐ Koch. ☐ Käseverkäufer.

H	Er hat einen tollen Beruf. Er kann sehr gut kochen.
N	Sie ist häufig aus Metall. Mit ihr kann man Papier schneiden.
E	Er hat vier gleich lange Beine. Man kann auf ihm sitzen.
S	Viele Kinder besuchen sie. Hier lernen sie lesen und schreiben.
U	Er lebte vor langer Zeit. Er wohnte in einer großen Burg.
E	Er ist bunt verkleidet. Er bringt Menschen zum Lachen.
T	Ihn sieht man zuerst. Erst danach hört man den Donner.
R	Man kann es öffnen und schließen. In ihm wird Geld gespart.
O	Er ist bunt und kann laut krähen. Er ist ein männliches Huhn.

Das Lösungswort ist der Name für ein

☐ Kleidungsstück. Man trägt es unter der anderen Kleidung.

☐ Märchen. Der Prinz weckt die Prinzessin mit einem Küsschen.

An der Nordsee, im Juli

Liebe Omi, lieber Opi,
heute Morgen ist euer Antwortbrief angekommen.
Ich hatte viel Spaß beim Lesen.
Da hat Opa ja wieder ganze Arbeit geleistet.
Mama sorgt hier aber auch für jede Menge Unterhaltung.
Gestern sind wir an den Strand gegangen.
Mama ist sofort wie ein aufgeregter Pudel in die Wellen gesprungen.
Nach ihrem Bad hat sie sich nass im Sand gewälzt.
Der Sand haftete überall an ihr.
In ihrem gelben Badeanzug sah sie aus wie ein Vanillepudding mit Streuseln.
Am Nachmittag hat sie am Strand aus Sand eine Hand gebaut.
Papa hat fast den ganzen Tag unter dem Sonnenschirm geschnarcht.
Mama hat ihn abends mit Wasser aus der Gießkanne geweckt.

Macht's gut KNUT

Knut hat sich über den Brief seiner Großeltern sehr geärgert.	☐ ja ☐ nein
In seinem zweiten Brief schildert Knut einen Tag am Strand.	☐ ja ☐ nein
Knuts Mutter hat am Strand einen Pudel aus Sand gebaut.	☐ ja ☐ nein
Beim Schwimmen trug Knuts Mutter einen gelben Badeanzug.	☐ ja ☐ nein
Knuts Mutter hat sich am Strand in Vanillepudding gewälzt.	☐ ja ☐ nein
Der Sand blieb an Knuts Mutter haften, weil sie noch nass war.	☐ ja ☐ nein
Knuts Mutter hat die Hand aus Sand in der Nacht gebaut.	☐ ja ☐ nein
Knuts Vater hat den Tag am Strand fast komplett verschlafen.	☐ ja ☐ nein
Knuts Mutter hat Knuts Vater abends mit einem Kuss geweckt.	☐ ja ☐ nein

☺ Über einem Brief steht oft, wo und wann er geschrieben wurde.

Rätsel

Sicher kennst du meinen Beruf. Bei meiner Arbeit habe ich mit vielen Menschen zu tun. Manche von uns arbeiten mit Kindern, andere mit Jugendlichen. Wieder andere arbeiten mit Erwachsenen. Wir alle bringen Menschen etwas bei.

Ich arbeite als ☐ Marktfrau. ☐ Lehrerin. ☐ Altenpflegerin.

Viele Kinder träumen von meinem Beruf. Für ihn muss ich sehr viel üben. Ich arbeite auch oft am Wochenende. Dann spiele ich mit meiner Mannschaft gegen andere Mannschaften. Das Wichtigste in meinem Beruf ist ein Ball.

Ich arbeite als ☐ Balletttänzer. ☐ Sänger. ☐ Fußballprofi.

Ich sitze bei meiner Arbeit in einer Maschine. Dort sitzen meist auch noch andere Menschen. Wenn ich die Maschine starte, kann sie fliegen. Ich fliege die Menschen von einem Ort zum anderen. Oft fliege ich sie in den Urlaub.

Ich arbeite als ☐ Urlauberin. ☐ Pilotin. ☐ Busfahrerin.

A	Viele Menschen finden ihn süß. Er ist ein Bär und lebt in Asien.
M	Sie benötigt Batterien. Mit ihr kann man im Dunkeln leuchten.
N	Ohne sie läuft der Fernseher nicht. Man braucht einen Stecker.
I	Mit ihr kann man Blumen und andere Pflanzen gießen.
T	Ältere Kinder haben keinen. Viele kleine Kinder saugen an ihm.
O	Er hat einen starken Motor und eine große Schaufel.
L	Die meisten Kinder essen sie gerne. Sie sind aus Kartoffeln.
R	Schau in ihn hinein und du kannst dich selber sehen.
P	Ein Nagel aus Eisen wird magnetisch von ihm angezogen.

Das Lösungswort ist der Name für ein

☐ Schulfach. In diesem Fach wird das Rechnen geübt.

☐ Sportgerät. Auf diesem Gerät kann man in die Höhe springen.

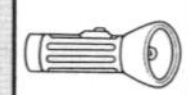	

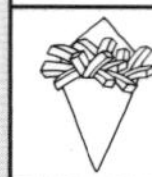	

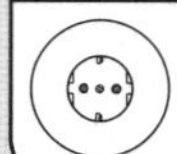	

Brief

Heinzelhausen, im August

Hallo Knütchen,
dein zweiter Brief lag heute Mittag in unserem Briefkasten.
Wir haben ihn mit großer Freude gelesen.
Deine Mama ist wirklich immer für eine Überraschung gut.
Sie ist halt Opas Tochter.
Dein Opa war in der Zwischenzeit aber auch nicht untätig.
Mit unserem rosa Gartenweg war er zunächst sehr unzufrieden.

Er meinte, dass die Farbe nicht zu unserem Haus passe.
Also hat er auch das Haus und das Dach rosa gestrichen.
Danach hatte er noch viel Farbe übrig.
Jetzt haben wir auch rosa Möbel, eine rosa Haustür und ein rosa Auto.
Dazu hat Opa im gesamten Garten rosa Rosen gepflanzt.
Unser Zaun ist immer noch braun.
Zwei Küsschen an alle von

Heidi und Heini

Kreuze an

Knuts Oma hat ihren zweiten Brief im August geschrieben.	☐ ja ☐ nein
Oma Heidi hat den Brief von Knut in der Mülltonne gefunden.	☐ ja ☐ nein
Die Mutter von Knut ist auch die Mutter von Opa Heini.	☐ ja ☐ nein
Opa Heini fand den rosa gestrichenen Gartenweg sofort toll.	☐ ja ☐ nein
Knuts Großeltern wohnen schon lange in einem rosa Auto.	☐ ja ☐ nein
Knuts Opa und Knuts Oma wohnen jetzt in einem rosa Haus.	☐ ja ☐ nein
Mit der letzten Farbe hat Opa Heini sich selbst rosa gestrichen.	☐ ja ☐ nein
Im Garten der Großeltern stehen jetzt ganz viele rote Tulpen.	☐ ja ☐ nein
Knuts Großeltern haben immer noch einen braunen Zaun.	☐ ja ☐ nein

Am Anfang eines Briefes steht oft eine Anrede („Hallo Knütchen“).

Rätsel

Viele Kinder möchten meinen Beruf ergreifen. Bei meiner Arbeit habe ich mit Tieren zu tun. Ich kümmere mich um sie und gebe ihnen zu fressen. Ich kann unter anderem in einem Tierheim oder in einem Zoo arbeiten.

Ich arbeite als ☐ Tierpflegerin. ☐ Rennreiterin. ☐ Kopflaus-Jägerin.

In meinem Beruf kann ich schnell schmutzig werden. Deshalb trage ich schwarze Kleidung. Für viele Menschen gelte ich als Glücksbringer. Bei meiner Arbeit reinige und überprüfe ich zum Beispiel Schornsteine und Kamine.

Ich arbeite als ☐ Glücksschwein. ☐ Dachdecker. ☐ Schornsteinfeger.

Für meinen Beruf kann man in bestimmten Schulen üben. Man stellt Personen, Tiere oder Gegenstände dar. Man übt sich in verschiedenen Rollen. Nach der Schulzeit spielt man diese Rollen zum Beispiel beim Theater oder beim Film.

Ich arbeite als ☐ Kamerafrau. ☐ Schauspielerin. ☐ Kinobesucherin.

E	Er steht in vielen Wohnungen. Oft hat er spitze Dornen.
Z	Sie liegt mitten im Meer. Auf ihr steht eine einzelne Palme.
H	Sie benötigt Strom. In ihr wird schmutzige Wäsche gewaschen.
L	Er braucht Pinsel, Rollen und Farben. Er streicht Wände.
N	Ihn bekommen Sieger. Manche sind aus Silber oder aus Gold.
W	Er lebt im Wald. Als männliches Tier trägt er ein Geweih.
A	Er befindet sich im Weltall. Er ist ein Planet wie die Erde.
N	Man kann ihn verschicken. Auf ihm klebt eine Briefmarke.
Ö	Es gibt sie nur im Märchen. Sie ist halb Fisch und halb Mensch.

Das Lösungswort ist der Name für eine

- ☐ Pflanze. Diese Pflanze wird auch Pusteblume genannt.
- ☐ Jahreszeit. In dieser Jahreszeit ist es häufig sehr kalt.

An der Nordsee, im August

Hallo Heidino, hallo Heinix,
vielen Dank für euren zweiten Brief.
Ich kann gar nicht genug Geschichten über Opa lesen.
Von Mama gibt es aber auch wieder einiges zu erzählen.
Sie hat sich heute beim Frühstück kräftig blamiert.
Jeden Morgen erzählt sie uns nach dem Frühstück einen Witz.
Diesen Witz denkt sie sich während des Essens aus.
Das hat sie auch heute getan.
Dabei hat sie mit großen Schlucken ihren Kakao getrunken.
Doch dann musste sie plötzlich über ihren eigenen Witz lachen.
Sie hat sich den Mund zugehalten.
Da ist ihr der ganze Kakao aus der Nase gelaufen.
Am Ende sah die Tischdecke aus wie ein braun-weißes Kuhfell.
Papa hat das Frühstück verschlafen.
Morgen sind wir wieder zurück.

Bis dann KNUT

Knut nennt seine Großeltern in der Anrede Heidino und Heinix.	☐ ja ☐ nein
Knut findet Geschichten über seinen Opa sehr langweilig.	☐ ja ☐ nein
Auch in diesem Brief schildert Knut ein Erlebnis seiner Mutter.	☐ ja ☐ nein
Knuts Mutter denkt sich während des Frühstücks Witze aus.	☐ ja ☐ nein
Knuts Mutter fand ihren ausgedachten Witz selber sehr lustig.	☐ ja ☐ nein
Die Mutter von Knut trinkt ihren Kakao immer durch die Nase.	☐ ja ☐ nein
Knuts Mutter hat Kakaoflecken auf die Tischdecke gemacht.	☐ ja ☐ nein
Der Vater von Knut hat das Frühstück komplett verschlafen.	☐ ja ☐ nein
Knut hat diesen Brief am Tag vor der Heimreise geschrieben.	☐ ja ☐ nein

☺ Am Ende eines Briefes stehen oft ein Gruß und der Name des Absenders.

Rätsel

A	Häufig ist er aus Wolle. Im Winter hält er den Hals warm.
C	Man wirft ihn. Danach kommt er von alleine wieder zurück.
I	Es hat Seiten. Man kann in ihm lesen und aus ihm vorlesen.
H	Viele Bauern brauchen ihn. Er hat kleine und große Räder.
N	Er braucht Strom. Mit ihm kann man nasse Haare trocknen.
N	Meistens steht sie im Bad. Sie kann mit Wasser gefüllt werden.
E	Sie wachsen an Bäumen. Im Herbst fallen sie zu Boden.
K	Er ist oft zu schwer. Schulkinder tragen ihn auf dem Rücken.
N	Es wird gebraten. Das Eiweiß ist weiß und der Eidotter gelb.

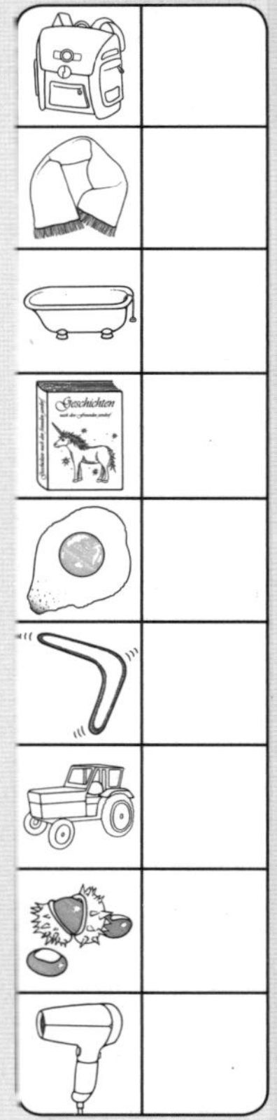

Das Lösungswort ist der Name für ein

- ☐ Getränk. Ein braunes Pulver wird in Milch gerührt.
- ☐ Tier. Bei uns wird es häufig als Haustier gehalten.